BOEKANALYSE

Sprookjes

Broers Grimm

BOEKANALYSE

Geschreven door Dominique Coutant-Defer
Vertaald door Nikki Claes

Sprookjes

BROERS GRIMM

JACOB EN WILHELM GRIMM 5

Duitse taalkundigen en auteurs 5

SPROOKJES 6

Zeven van de beroemdste verhalen van de broers 6

SAMENVATTING 8

"De Kikkerprins" 8
"De Wolf en de Zeven Geitjes" 8
"Hans en Grietje" 9
"De galante kleermaker" 10
"The Three Spinsters" 11
"Sneeuwwitje" 12
"De Bremer Stadsmuzikanten" 13

KARAKTERSTUDIE 14

De trotse prinses ("De kikkerprins") 14
De moedergeit ("De wolf en de zeven geitjes") 14
Hans en Grietje 15
De kleermaker ("The Gallant Tailor") 15
Het spinnende meisje ("The Three Spinsters") 16
Sneeuwwitje 16
De muzikale dieren ("De Bremer Stadsmuzikanten") 16

ANALYSE 17

Verhalende structuur 17
Het sprookjesgenre 18

VERDER LEZEN 21

Referentie-uitgave 21

JACOB EN WILHELM GRIMM

DUITSE TAALKUNDIGEN EN AUTEURS

- **Geboren in 1785 (Jacob) en 1786 (Wilhelm) in Hanau.**
- **Overleden in 1863 (Jacob) en 1859 (Wilhelm) in Berlijn.**
- **Opmerkelijke werken:**
    - *Kinder- en huissprookjes* (ook bekend als *Sprookjes*, 1812-1815), sprookjes
    - *Duitse Sagen* (1816-1818), traditionele Duitse legenden
    - *Duits woordenboek* (1861), woordenboek

Jacob (1785-1863) en Wilhelm (1786-1859) Grimm waren twee Duitse broers die grote belangstelling hadden voor alle aspecten van de Germaanse cultuur. Ze waren onder meer gefascineerd door de Duitse taal (zoals blijkt uit hun *Duitse grammatica,* 1819-1837 en *Duits woordenboek*, 1838-1861), de mythen, legenden en folklore (*Duitse Sagen*, 1816-1818) en de oorsprong van het Duitse recht.

De gebroeders Grimm vereeuwigden de Germaanse orale folklore in de populaire cultuur door verhalen als 'De galante kleermaker', 'De Bremer stadsmuzikanten', 'Hans en Grietje' en 'Rapunzel' op schrift te stellen. Zij produceerden ook nieuwe versies van sprookjes die eerder door de Franse auteur Charles Perrault (1628-1703) beroemd waren gemaakt, zoals "Assepoester", "Schoonheid en het Beest" en "Roodkapje".

SPROOKJES

ZEVEN VAN DE BEROEMDSTE VERHALEN VAN DE BROERS

- **Genre:** sprookjes
- **Referentie-uitgave:** Grimm, J. en Grimm, W. (1993) *Grimm's Fairy Tales.* Ware, Hertfordshire: Wordsworth Editions.
- **1e editie:** 1812
- **Thema's:** goed, kwaad, familie, liefde, moed, gevaar, vriendschap

De zeven sprookjes die in deze gids worden besproken, maken deel uit van de verzameling *Children's and Household Tales,* ook bekend als *Sprookjes*, die tussen 1812 en 1815 werd gepubliceerd.

- "De Kikkerprins" vertelt het verhaal van een prins die door de vloek van een heks is veranderd.
- De liefhebbende moeder in "De wolf en de zeven geitjes" redt haar kinderen, die zijn verslonden door een wolf, door zijn maag open te snijden.
- De kinderen in "Hans en Grietje" zijn verlaten door hun ouders en ontsnappen aan de klauwen van een heks die hen in haar peperkoekenhuis lokt.
- De gelijknamige hoofdpersoon van "The Gallant Tailor" maakt zijn fortuin door op te scheppen dat hij "zeven in

één klap heeft gedood". Iedereen denkt dat hij zeven mannen heeft gedood, maar in werkelijkheid heeft hij slechts zeven vliegen gedood.

- Het luie meisje in "De drie spinsters" laat drie andere vrouwen voor haar spinnen en wint zo de hand van de koning.
- De mooie, naïeve heldin van "Sneeuwwitje" woont samen met zeven dwergen en wordt bijna vermoord door haar obsessief jaloerse stiefmoeder. Uiteindelijk ontmoet ze en wordt ze verliefd op een knappe prins.
- De ingenieuze dieren van "De Bremer Stadsmuzikanten" redden zichzelf door hun geschreeuw.

SAMENVATTING

"DE KIKKERPRINS"

Lang geleden, "toen het nog nuttig was te wensen wat men wilde", verloor een mooie prinses een kostbare gouden bal in een fontein. Ze is radeloos, maar dan verschijnt er een afschuwelijke kikker die haar vertelt dat hij de bal terug kan krijgen als zij zijn vriend wil zijn. Ze stemt toe, maar zodra ze haar bal terug heeft, vergeet ze haar belofte en wijst de kikker af als hij naar het koninklijk paleis komt. Als de koning erachter komt, beveelt hij zijn dochter haar woord te houden, dus biedt ze met tegenzin aan haar eten en drinken met de kikker te delen. Ze trekt echter de grens bij het delen van haar bed en gooit hem vol walging tegen de muur. De kikker verandert dan in een knappe prins, die haar vaders wens vervult en met haar trouwt. Hij vertelt haar dat hij door een boze fee in een kikker is veranderd en dat de prinses de enige was die de betovering kon verbreken. Ondertussen slaagt de dienaar van de prins, Henry, erin de drie ijzeren banden los te maken die zijn hart hadden omringd om te voorkomen dat het zou breken bij de transformatie van zijn meester.

"DE WOLF EN DE ZEVEN GEITJES"

Een moedergeit zegt tegen haar zeven geitjes dat ze de deur niet mogen openen voor de wolf als ze weg is. Wanneer de wolf buiten het huis verschijnt, herkennen de geitjes hem aan zijn schorre stem. Hij maakt zijn stem zachter met krijt, maar als hij terugkomt bij het huis verraadt Hij zichzelf door zijn zwarte poot tegen het raam te laten rusten. Uiteindelijk verleidt hij de kinderen om hem binnen te laten door zijn poot met bloem te bedekken, zodat ze denken dat hun moeder is teruggekomen. Hij verslindt ze allemaal, behalve één kind dat zich in de klok weet te verstoppen.

Als de moeder terugkomt bij het huis, vertelt het overlevende kind haar wat er is gebeurd. Ze gaat dan op zoek naar de wolf, die vlakbij ligt te slapen, en snijdt zijn maag open om haar kinderen te bevrijden. Ze leven nog en zijn ongedeerd, want "in zijn gulzigheid had de schurk hen in hun geheel opgslokt". Ze vervangt ze door grote stenen en naait de maag van de wolf weer dicht. Als de wolf wakker wordt is hij uitgedroogd van de dorst, dus gaat hij naar een fontein om te drinken en verdrinkt, meegesleurd door de stenen in zijn maag.

"HANS EN GRIETJE"

Een paar arme slagers kunnen het zich niet veroorloven hun twee kinderen, Hans en Grietje, te eten te geven, dus beramen ze een plan om ze in het bos achter te laten. Hans hoort hen echter en besluit glimmende stenen op het pad te laten vallen, zodat ze de weg naar buiten kunnen vinden. Wanneer ze terugkeren naar hun ouders, besluit hun moeder het opnieuw te proberen, tot groot ongenoegen van hun vader. Deze keer sluit ze echter de deur, zodat Hans, die opnieuw alles heeft gehoord, geen steentjes kan oprapen voordat ze vertrekken. In plaats daarvan laat hij kruimels vallen van het stuk brood dat hun moeder hen gaf, maar het spoor wordt opgegeten door vogels. De kinderen zwerven drie dagen door het bos, voordat ze een huisje bereiken "gebouwd van brood en overdekt met taarten". Uitgehongerd schrokken ze er meteen van.

Een schijnbaar vriendelijke oude vrouw komt dan uit het huis om hen te begroeten. Zij is echter in werkelijkheid een heks die kinderen naar haar huis lokt om ze op te eten. Ze sluit Hans op in een stal en begint hem ter voorbereiding vet te mesten. Gelukkig slaagt Grietje er op de dag dat ze hem wil doden in om haar in de oven te strikken. De kinderen grijpen de kostbare stenen die in het huis zijn opgeborgen en keren terug naar hun vader, die ontroostbaar is sinds hij hen heeft verlaten. Hun moeder is gestorven terwijl ze weg waren. De drie leven nog lang en gelukkig.

"DE GALANTE KLEERMAKER"

Een dappere kleermaker gebruikt een vod om zeven vliegen te doden die op zijn eten waren geland. Hij viert zijn daad door een riem te maken met de woorden "Zeven in één klap!", en besluit de wereld rond te reizen om zijn moed te tonen. Hij komt een reus tegen die denkt dat hij zeven mannen heeft gedood en daagt hem uit voor een gevecht, maar de kleermaker gebruikt zijn sluwheid om hem te verslaan. Dan komt hij aan bij een kasteel, waar hij door hetzelfde misverstand wordt ingehuurd om de koning te dienen. De hovelingen zijn echter bang voor hem en verlaten de dienst van hun vorst. De koning belooft de kleermaker vervolgens zijn dochter en zijn koninkrijk als hij het land kan bevrijden van twee angstaanjagende reuzen. De kleermaker klimt in een boom en gooit stenen naar de reuzen, die slapen. Als ze wakker worden, beschuldigen ze elkaar en uiteindelijk doden ze elkaar. Bij zijn terugkeer in het paleis stelt de koning hem voor een nieuwe uitdaging: hij moet een geduchte eenhoorn vangen. De kleermaker gaat voor een boom staan en beschimpt de eenhoorn zodat deze op hem afstormt. Dan springt hij op het laatste moment uit de weg, zodat de eenhoorn eerst op de hoorn van de boom valt en vast komt te zitten. De koning stelt hem vervolgens voor een derde en laatste uitdaging: hij moet een wild zwijn vangen dat het bos verwoest. De kleermaker slaagt opnieuw en wordt beloond met de hand van de prinses. Maar op een nacht hoort ze de kleermaker in zijn slaap over zijn werk praten en klaagt ze bij haar vader omdat hij haar dwingt met een boer te trouwen. De koning wil hem in zijn slaap betrappen, maar de schildknaap van de jongeman hoort hem en waarschuwt zijn meester, die de door de oude koning gestuurde spionnen afschrikt door te roepen: "Ik heb er zeven in één klap gedood". Ze vluchten van schrik en de kleine kleermaker, die nu koning is geworden, is voorgoed vrij.

"THE THREE SPINSTERS"

Een koningin, die "niets liever heeft dan het geluid van het spinnewiel", neemt een jonge spinster in dienst en belooft haar de hand van haar zoon als zij snel een grote hoeveelheid vlas spinnen. Omdat het meisje te lui is om het werk zelf te doen, roept ze de hulp in van drie onaantrekkelijke, vulgaire vrouwen, die ermee instemmen het spinnen voor haar te doen als ze doet alsof ze haar nichten zijn en ze uitnodigt voor haar bruiloft. Op haar trouwdag is de prins, die blij is dat hij zo'n hardwerkende vrouw heeft gevonden, geschokt over hoe lelijk haar "nichten" zijn. Ze leggen uit dat hun misvormingen (afhangende lippen en onevenredig grote voeten en duimen) voortkomen uit hun werk als spinners. De prins verbiedt zijn nieuwe vrouw vervolgens te spinnen, zodat zij bevrijd van de taak die zij zo haatte.

"SNEEUWWITJE"

De ijdele stiefmoeder van Sneeuwwitje, zo genoemd vanwege de witheid van haar huidskleur, krijgt van haar magische spiegel te horen dat haar stiefdochter op een dag mooier zal zijn dan zij. Omdat ze dit niet kan accepteren, vraagt ze een jager het jonge meisje mee het bos in te nemen en haar te doden. De jager heeft medelijden met het wanhopige meisje en kan het niet opbrengen haar te doden, dus doodt hij in plaats daarvan een wild zwijn en neemt het hart daarvan mee naar de koningin als aandenken. Sneeuwwitje zoekt zijn toevlucht in een klein huisje dat wordt bewoond door zeven dwergen, die ontroerd zijn door haar verhaal en besluiten haar te adopteren. De spiegel van de koningin vertelt haar echter dat Sneeuwwitje nog leeft en in de bergen woont. De koningin vermomt zich als oude marskrameres en gaat naar het huis van de zeven dwergen. De dwergen zijn vertrokken om te gaan werken, en de koningin laat Sneeuwwitje een riem passen, maar maakt hem zo stevig vast dat het jonge meisje in een diepe slaap valt. Maar als de dwergen terugkomen, weten ze haar weer tot leven te wekken. Als de koningin via haar spiegel verneemt dat Sneeuwwitje nog leeft, neemt ze weer dezelfde vermomming aan en probeert haar te doden met een vergiftigde kam. Ze faalt opnieuw, en probeert dan haar stiefdochter te doden met een vergiftigde appel. Deze keer kunnen de dwergen niets doen om haar te redden, en haar radeloze metgezellen leggen haar ongerepte lichaam in een glazen kist. Op een dag komt de zoon van de koning langs en, verblind door de schoonheid van Sneeuwwitje, vraagt hij de dwergen of hij de kist mag meenemen. Op de terugweg wordt het stuk appel dat in haar keel zat losgeschud en wordt ze wakker. De prins trouwt met haar, en de stiefmoeder van het meisje woont het huwelijk bij, omdat ze heeft vernomen dat de nieuwe koningin mooier is dan zij. Nadat ze zich realiseert dat de bruid van de prins in feite Sneeuwwitje is, wordt ze gedwongen in brandende pantoffels te dansen en sterft ze van de pijn.

"DE BREMER STADSMUZIKANTEN"

Een ezel, een hond, een kat en een haan, wier meesters hen allemaal met de dood hebben bedreigd, besluiten naar Bremen te gaan en muzikant te worden. Ze zijn uitgehongerd en weten met hun geschreeuw een groep rovers te verjagen die in een huis aan tafel zitten. Bovenop elkaar gezeten "brulde de ezel, blafte de hond, miauwde de kat en kraaide de haan". Dan blazen ze de kaars uit en installeren zich. De dieven, die denken dat de dieren vertrokken zijn, komen terug. De eerste die het huis binnenkomt, vertelt zijn metgezellen echter dat hij een verschrikkelijke beproeving heeft doorstaan door een angstaanjagende heks, een man met een mes, een zwart monster en een luidruchtige rechter. In werkelijkheid waren deze figuren niemand minder dan de vier dieren, die hun talenten gebruikten om hem uit het huis te verdrijven zodat zij erin konden trekken.

KARAKTERSTUDIE

DE TROTSE PRINSES ("DE KIKKERPRINS")

De prinses is de jongste van de vele dochters van de koning. Er wordt gezegd dat zij "zo mooi was dat de zon zelf, die zoveel heeft gezien, zich verwonderde telkens hij over haar scheen vanwege haar schoonheid". Wanneer ze de kostbare gouden bal verliest waarmee ze speelt als ze zich verveelt, is ze bereid haar kroon, haar parels en haar diamanten op te geven om hem terug te krijgen. Ze stemt er snel mee in om vrienden te worden met een kikker die zegt dat hij haar kan helpen. Ze is echter oppervlakkig en trots (zoals veel vrouwelijke personages in de verhalen) en raakt al snel geïrriteerd en walgt van het dier. Ze duldt hem alleen omdat haar vader haar gebiedt haar belofte na te komen.

DE MOEDERGEIT ("DE WOLF EN DE ZEVEN GEITJES")

Deze oudere geit is "zo dol op hen [haar zeven geitjes] als ooit moeder op haar kinderen was". Ze wil hen beschermen tegen de wolf en hoewel ze radeloos is wanneer de wolf hen verslindt, verzamelt ze de moed om zijn maag open te snijden om hen te bevrijden. De geit is een van de goede personages, terwijl haar vijand, de wolf, slecht is.

HANS EN GRIETJE

Hans en Grietje zijn broer en zus. Ze hebben een sterke band, en hun gedeelde ongeluk brengt hen nog dichter bij elkaar. Hans blijkt vindingrijk, beschermend en geruststellend tegenover zijn zus, maar uiteindelijk is zij degene die hen van de heks redt. Bovendien lijken de twee kinderen niet veel wrok te koesteren tegen hun ouders, want ze gaan twee keer naar hen terug nadat ze in de steek zijn gelaten. De personages in sprookjes beantwoorden doorgaans aan welomschreven archetypen; in dit verhaal zijn Hans en Grietje kinderslachtoffers, zoals Klein Duimpje en zijn broers in een ander bekend sprookje.

DE KLEERMAKER ("THE GALLANT TAILOR")

De kleermaker is moedig en hardwerkend. Hij is erg onder de indruk van zichzelf wanneer hij zeven vliegen in één keer doodt, en besluit de wereld rond te reizen om deze indrukwekkende prestatie te laten zien. De woorden op zijn riem doen de mensen echter geloven dat hij zeven mannen heeft gedood. De bewondering en angst die hij oproept stijgen hem naar het hoofd en hij wordt trots en opschepperig. Hij houdt de schijn op door met zijn sluwheid veel sterker te lijken dan hij in werkelijkheid is, en zo wordt hij een koning. Hij valt onder het archetype van de valse held die zich voordoet als een echte held.

HET SPINNENDE MEISJE ("THE THREE SPINSTERS")

De spinster is een lui meisje (luiheid is een andere eigenschap die in sprookjes meestal met vrouwen wordt geassocieerd) dat de hand van de prins weet te winnen door drie andere vrouwen, die beweren lelijk te zijn geworden door het spinnen, het werk te laten doen dat de koningin van haar vraagt.

SNEEUWWITJE

Sneeuwwitje wordt beschreven als "zo wit als sneeuw, zo rood als bloed, en haar haar was zo zwart als ebbenhout". Zoals bij veel sprookjesfiguren het geval is, concentreert het verhaal zich op haar fysieke verschijning en komen we haar echte naam niet te weten. Haar wrede stiefmoeder is jaloers op haar schoonheid en maakt gebruik van haar naïviteit en vertrouwen om haar te vermoorden. De schoonheid en vriendelijkheid van deze prinses stellen haar in staat een prins te charmeren, de lezers hoop te geven en medelijden te wekken.

DE MUZIKALE DIEREN ("DE BREMER STADSMUZIKANTEN")

De ezel, de hond, de kat en de haan (dieren die vaak voorkomen in sprookjes) zullen door hun meesters worden gedood omdat ze oud zijn geworden. Om aan dit lot te ontsnappen, vertrekken ze naar Bremen, waar ze muzikanten willen worden. Maar uiteindelijk zijn hun kreten alleen goed voor het afschrikken van een roversbende, zodat ze hun intrek kunnen nemen in het huis dat ze bewoonden.

ANALYSE

VERHALENDE STRUCTUUR

Alle in deze gids besproken sprookjes volgen de conventionele vertelstructuur van het genre. We zullen dit illustreren met "Sneeuwwitje" als voorbeeld.

Beginsituatie: dit is het begin van het verhaal, het moment om de scène neer te zetten en de personages te introduceren; de situatie is evenwichtig, wat betekent dat er geen reden is om deze te veranderen.

- De ijdele stiefmoeder van Sneeuwwitje kan er niet tegen dat een andere vrouw mooier is dan zij.

Ontwrichtend element: dit is een gebeurtenis die plaatsvindt, waardoor de beginsituatie verandert en het echte verhaal op gang komt.

- De toverspiegel van de koningin vertelt haar dat Sneeuwwitje mooier is dan zij, dus besluit ze zich van haar te ontdoen.

Ontwikkelingen: dit zijn de door het verstorende element veroorzaakte gebeurtenissen die de held ertoe brengen actie te ondernemen om het probleem op te lossen.

- De jager die van de koningin de opdracht had gekregen Sneeuwwitje te doden, krijgt medelijden met haar en laat haar achter in het bos. Vervolgens gaat ze bij de zeven dwergen wonen. Als ze hoort dat haar stiefdochter nog leeft, vermomt de boze koningin zich en doet verschillende mislukte pogingen om haar te doden, voordat ze uiteindelijk slaagt met een vergiftigde appel.

Resultaat: dit maakt een einde aan de ontwikkelingen en leidt tot de conclusie.

- Een passerende prins brengt Sneeuwwitje's kist terug naar zijn paleis. Onderweg hoest ze de appel op en wordt wakker.

Conclusie: dit is het einde van het verhaal. De situatie is weer stabiel, zoals de beginsituatie, maar er zijn enkele veranderingen.

- De prins trouwt met Sneeuwwitje en de koningin sterft op de bruiloft.

HET SPROOKJESGENRE

Het sprookjesgenre, waartoe deze zeven verhalen alle behoren, is ontstaan uit de orale traditie en werd gepopulariseerd en gecodificeerd door schrijvers als Charles Perrault en de gebroeders Grimm. De belangrijkste kenmerken van het genre zijn terug te vinden in alle verhalen die deel uitmaken van *Sprookjes*:

- **De verhalen zijn kort** (elk slechts enkele pagina's).
- **Het aantal personages is beperkt en de verhalen concentreren zich op enkele hoofdpersonen**, zoals de vier dieren in "De Bremer stadsmuzikanten" en Hans, Grietje en de heks in "Hans en Grietje".

- **Het uiterlijk van de personages wordt niet in detail beschreven en hun psychologische diepgang is minimaal: ze worden** alleen beschreven voor zover deze beschrijving het verhaal dient. Zo wordt de schoonheid van Sneeuwwitje alleen beschreven om de jaloezie van haar stiefmoeder te verklaren.
- **Ze worden vaak gereduceerd tot archetypen,** waarvan de eigenschappen en de functie niet verschillen van verhaal tot verhaal: de prins, de koning, de mooie prinses, enz.
- **De personages zijn goed of slecht, zonder grijze gebieden.** Zo staat de liefhebbende moedergeit in direct contrast met de boze wolf in "De wolf en de zeven geitjes", terwijl Sneeuwwitje het tegenovergestelde is van haar boze stiefmoeder.
- **Data en plaatsen zijn vaak vaag,** omdat de oorsprong van de verhalen verloren lijkt te zijn gegaan in de tijd: "Er was eens…". Hoewel de locaties worden geïdentificeerd (bos, kasteel, dorp, enz.), weten we niet waar ze zich precies bevinden, wat de verhalen een universele dimensie geeft.
- **De verhalen worden bevolkt door fantastische wezens** zoals heksen ("Hans en Grietje" en "De kikkerprins") en pratende dieren ("De Bremer Stadsmuzikanten").
- **De verhalen bevatten talrijke fantastische en bovennatuurlijke elementen:** fantastische wezens, magische voorwerpen (zoals de magische spiegel in "Sneeuwwitje") en gebeurtenissen zoals metamorfose (met name in "De kikkerprins").

- **Er is ook een duidelijke symbolische dimensie,** aangezien sommige plaatsen, zoals het bos, een grotere rol spelen dan alleen als decor van het verhaal. Het donkere bos wordt afgeschilderd als een gevaarlijke plaats: het is waar de prinses haar gouden bal verliest in "De kikkerprins" en waar Hans en Grietje aan hun lot worden overgelaten. Talloze verhalen uit culturen over de hele wereld ("Roodkapje", "Hop-o'-Mijn-duim" en de Harry Potter-serie, om er maar een paar te noemen) beschrijven het als een angstaanjagende plek, en het wordt duidelijk als zodanig beschouwd in het collectieve onderbewustzijn.

- Ten slotte hebben **sprookjes een educatief doel:** ze brengen vaak een moraal over en zijn vooral gericht op jonge lezers, die ze kunnen gebruiken om antwoorden te vinden op hun zorgen of bezorgdheden. Zo illustreren "De wolf en de zeven geitjes" en "Sneeuwwitje" het gevaar van het binnenlaten van vreemdelingen. Sommige eigenschappen, zoals vriendelijkheid in "De kikkerprins" en gezinsliefde in "Hans en Grietje" en "De wolf en de zeven geitjes", worden geprezen, terwijl andere, zoals slechtheid en jaloezie in "Sneeuwwitje", worden bestraft.

VERDER LEZEN

REFERENTIE-UITGAVE

Grimm, J. en Grimm, W. (1993) *Grimm's Fairy Tales*. Ware, Hertfordshire: Wordsworth Editions.

*We horen graag van jou! Laat
een reactie achter op jouw online bibliotheek
en deel je favoriete boeken op social media!*

Waarom kiezen voor Must Read?

Kom alles te weten over een boek met onze beknopte en diepgaande samenvattingen en analyses!

Ontdek het beste uit de literatuur in een compleet nieuw licht!

www.50minutes.com

De uitgever garandeert de betrouwbaarheid van de gepubliceerde informatie, die echter niet onder zijn verantwoordelijkheid valt.

© 50minutes.com, 2023. Alle rechten voorbehouden.

www.50minutes.com

Master ISBN: 9782808689328
Papier ISBN: 9782808610728
Wettelijk depot: D/2023/12603/1352

Omslag: © Primento

Digitaal ontwerp: Primento, de digitale partner van uitgevers.